Retrouver le sourire grâce à la thérapie d'Acceptation et d'Engagement (thérapie ACT)

I0425348

Une petite histoire...

Eric a tout pour être heureux, selon ses dires. Une femme avec qui s'entend bien, deux filles qu'il adore. Des amis et de la famille qui lui rendent visite régulièrement. Une carrière bien entamée, stoppée depuis six mois par un arrêt maladie donné par son psychiatre. Eric est en dépression depuis trois ans, boule de neige à la suite de la mort subite de son frère aîné. Tout lui paraît fade, vide de sens, et il n'a plus envie de faire d'efforts. Il en a déjà trop fait mais cela ne mène à rien, il se retrouve toujours au même point de départ sans issue efficace à sa situation, avec à chaque fois moins d'espoir qu'il n'en avait au départ. Il n'a plus la force de s'occuper de lui, encore moins de ses filles, ni d'être là pour sa femme, ce qui nuit à son estime de lui et entretient un cercle vicieux. Ni les médicaments, ni les psychiatres, ni les techniques de pensée positive ne réussissent à faire disparaître ce mal-être qui le ronge de l'intérieur et la tâche d'encre ne fait que s'étendre au fur et à mesure que les jours passent et qu'il s'enlise dans sa situation. Encore et encore, la phrase sous-jacente qui gouverne sa vie résonne dans sa tête. « A quoi bon ? »

1. Le mal-être

- ### « Dépression, la maladie du siècle[1] »

Eric n'est pas seul. En France, on estime qu'une personne sur cinq sera touchée par la dépression à un moment dans sa vie (Institut national de prévention et d'éducation pour la santé[2]). Dans un communiqué de mars 2017[3], l'OMS estime qu'il y a en ce moment autour de 300 millions de personnes qui sont dépressives dans le monde, et ce chiffre traduit une augmentation de 18% en dix ans, entre 2005 et 2015. Ce communiqué nous informe également qu'il y a plus de 800 000 personnes par an dans le monde qui, incapables de trouver une porte de sortie, se suicident. Les troubles dépressifs représentent le premier facteur de morbidité et d'incapacité mondiale !

La dépression est caractérisée par une humeur dépressive, une diminution marquée de l'intérêt ou du plaisir pour les activités, un changement de poids ou d'appétit significatif, par le fait de ne pas ou de trop dormir, une agitation ou un ralentissement psychomoteur qui s'étend dans la durée, une fatigue ou perte d'énergie, sentiment de dévalorisation ou de culpabilité exacerbé, une capacité à réfléchir, se concentrer ou prendre des décisions amoindrie, des pensées de mort récurrentes, pensées suicidaires récurrentes ou des tentatives de suicide[4].

A la lecture de ces symptômes, il est aisé de comprendre comment ils peuvent entraîner une souffrance clinique et une altération du fonctionnement, qu'il soit social, professionnel, ou dans d'autres domaines de notre vie. La dépression nous isole et nous donne l'impression qu'il n'y a pas d'issue, poussant certaines personnes jusqu'au suicide (si vous considérez le suicide ou ne savez pas vers qui vous tourner, je vous invite à aller voir un thérapeute, ou appeler une ligne qualifiée. Toutes les ressources sont listées à la fin sous la rubrique « Ressources ». Vous n'êtes jamais seuls). Cela devient encore pire dans les cas de dysthymie (ou trouble dépressif persistant) où les symptômes deviennent chroniques jusqu'à s'étendre sur plusieurs années, et colorent la façon dont une personne perçoit la vie et elle-même. Après avoir vécu d'une certaine manière pendant une période prolongée, on peut avoir tendance à fusionner avec sa dépression, à se créer une identité à travers elle et croire que nous sommes « comme ça ».

Les répercussions ne s'arrêtent pas là. Au-delà des aspects handicapants dans la vie professionnelle et l'isolement social que les troubles dépressifs déclenchent, ils influent sur notre santé physique et sur notre capacité de régénération. Les personnes dépressives ont plus de chances d'être diagnostiquées avec des maladies cardiaques et résistent moins aux troubles cardiaques que les personnes non-dépressives[5]. Ils sont également liés à l'ostéoporose en empêchant la bonne fixation des minéraux sur les os[6] et peuvent développer ou multiplier les comportements addictifs[7].

Aux troubles dépressifs viennent s'ajouter les troubles anxieux, les cas de stress post-traumatiques, les phobies, les addictions en tout genre, et même les cas moins extrêmes de déprimes, de burnout, d'isolation, ou tout simplement de sensation de « ras-le-bol » et de vide chroniques, qui eux aussi méritent notre pleine attention. Tant d'occasions de se sentir moins efficaces, en décalage avec les autres ou avec la vie !

Pourtant, nous n'avons jamais vécu à une meilleure époque que la nôtre. Les conditions de vie se sont largement améliorées. A l'échelle mondiale, nous n'avons jamais aussi bien vécu et eu autant de confort que maintenant. L'accès à l'eau potable, à l'électricité, les lois du travail, les avancées de la médecine, la montée de la technologie qui nous permettent de moins nous abîmer physiquement. Même si les informations nous relatent en continu les faits divers et événements catastrophique dans le monde, il n'y a en fait jamais eu moins d'homicides[8] et de meurtres de masse[9] ! Il n'y a jamais eu plus de sécurité, de pays en démocratie[10], les gens n'ont jamais été aussi éduqués que maintenant, et c'est encore plus le cas si vous avez la chance de vivre dans un pays développé !

Je ne dis pas ça pour minimiser les horreurs qui existent, mais pour faire remarquer la corrélation inverse qui existe entre le bonheur des individus et leurs conditions de vie. Ce que ces chiffres nous montrent, c'est que le bonheur n'est pas relié à des éléments objectifs de bien-être, au-delà d'un certain nombre de besoins satisfaits, comme le modélise par exemple la pyramide de Maslow[11]. Dans les pays industrialisés, il y a de grandes chances que nos besoins primaires soient satisfaits, et que nous vivions dans une abondance de confort. Alors pourquoi est-il si difficile d'être heureux ?

- **Une nouvelle définition du bonheur**

Qu'est-ce que le bonheur ? Cette question, *a priori* intuitive et anodine, détient en fait une première voie vers la guérison.

Je vous invite à vous poser cette question. Qu'est-ce que le bonheur pour vous ? Comment l'appréhendez-vous ?

Il y a deux définitions du bonheur. La première, et celle dans laquelle tombe bon nombre de gens touchés par la dépression ou autres affections mentales, est celle-ci : une multiplication des états positifs, et une minimisation, voire suppression, des états dits « négatifs »[12].

Par états positifs, j'entends toutes les émotions, pensées, urgences à l'action agréables et désirées et par états négatifs, j'entends toutes celles désagréables et non désirées. Plus tard, nous verrons qu'il n'y a pas d'états intrinsèquement positifs ou négatifs.

Pourquoi cette définition du bonheur n'est-elle pas idéale ? Notre cerveau est construit et a évolué sur des milliers d'années pour nous garder en vie et aider à reproduire l'espèce. C'est-à-dire qu'il va récompenser par des décharges de neurotransmetteurs agréables les comportements qui nous permettent de rester en sécurité et de passer nos gènes. Par sécurité, je n'entends pas forcément la sécurité objective, mais la sécurité des comportements que nous connaissons, que nous avons l'habitude de pratiquer, et qui nous permettent d'éviter les états émotionnels incertains.

Par opposition à cette fonction, notre cerveau n'a pas évolué pour nous rendre heureux ! Dès lors, avoir des émotions désagréables et des moments de déprime est normal. Nous sommes voués à avoir des périodes de bas, à connaître des difficultés, à aller mal. Il n'y a rien de honteux à se sentir mal, et même de s'être laissé entraîner dans ses difficultés, parce que nous manquions de ressources et de manières de s'en sortir. Cela signifie juste que nous sommes humains. Des états désagréables peuvent même être le signe que nous avançons dans une vie qui nous correspond ! Or, nous avons tendance à penser qu'il y a quelque chose à réparer lorsque nous n'allons pas bien.

Cette définition voudrait dire que le bonheur est la conséquence d'une accumulation d'instants de gratification immédiate. Les états agréables les plus facilement atteignables sont donc ceux des plaisirs « faciles » de la vie : jouer des heures à un jeu vidéo, regarder des vidéos sur Internet, rester des journées sur son canapé en mangeant des aliments gras, fumer, se droguer… En s'engageant dans ces comportements, nous feront sûrement l'expérience d'états agréables, mais aurons-nous vécu ?

Tout en cherchant à multiplier les plaisirs faciles, nous voudrions aussi éviter les situations qui nous sont inconnues ou étrangères. Nous ne nous mettrons alors pas en danger socialement, éviterons les situations qui peuvent potentiellement nous blesser, mentirons ou arrangerons notre comportement pour ne pas avoir à ressentir certaines émotions, passerons nos journées sous la couette à dormir… En cherchant à tout prix à éviter les états négatifs, nous réduisons peu à peu notre champ d'action et les expériences possibles de notre répertoire.

Après plusieurs années à ce rythme, pourrons-nous dire que nous sommes heureux ? Il est plus probable de prédire que notre zone de « confort » deviendra bientôt une source de misère et que ces émotions négatives nous rattraperont quand nous nous rendrons compte de toutes les opportunités, les chances que nous n'avons pas créées. Poursuivre le plaisir immédiat sans plus de sens nous condamne à mener une vie de plus en plus réduite, concentrée sur les uniques activités qui nous apportent du plaisir. Vivre une vie fondée seulement sur la fuite de l'inconfort immédiat n'apportera jamais de satisfaction durable.

Cette définition du bonheur nous conduit aussi à penser que la dépression se surmonte en se battant contre elle et ses symptômes. C'est d'ailleurs ce sur quoi les solutions usuelles, telles que les techniques de pensée positive, les médicaments, les comportements d'évitement se concentrent : changer notre état avant de changer nos actions. Or, croire qu'il faut sortir de la dépression avant de pouvoir agir dans le sens d'une vie qui nous correspond est une erreur coûteuse.

Si nous pouvons parfois changer notre état, nous ne pouvons pas le faire indéfiniment, et lorsque ce que nous avons cherché à fuir nous rattrape, nous nous retrouvons alors encore plus mal qu'avant, puisque nous n'avons jamais développé les ressources nécessaires pour y faire face. Il est alors possible de tomber dans un cercle vicieux où nous croyons ce que nous dit la dépression (nous ne pourrons jamais nous en sortir, il n'y a pas d'issue), alors que ces pensées sont elles-mêmes créées par la dépression.

Nous voulons pourtant croire à ces promesses car elles nous font miroiter la possibilité d'un monde dans lequel nous pourrions nous sentir bien permanence et dans lequel les actions justes seraient la conséquence naturelle de nos envies. La vie parfaite n'est pourtant qu'un mythe, et peu importe ce que nous choisissons de faire, nous sommes voués à parfois vivre des états désagréables.

> Méfions-nous notamment des recettes miracles, celles qui nous promettent d'aller mieux en récitant quelques incantations, en prenant une pilule magique, ou en reprogrammant notre cerveau depuis notre lit sans avoir à faire d'effort. Je ne doute pas que ces outils peuvent avoir une influence positive dans certaines circonstances, mais se reposer uniquement sur ceux-ci peut avoir des effets néfastes, notamment en nous enfermant dans une bulle de bonheur illusoire qui finira un jour ou l'autre par exploser. Et sur quoi pouvons-nous alors nous reposer quand nous n'avons pas fait le travail nécessaire pour augmenter notre confiance en nous et créer de véritables ressources ?

La deuxième définition du bonheur, et celle que nous utiliserons dans ce livre, est la poursuite d'une vie pleine de sens, une vie qui nous correspond.

Le bonheur n'est pas une suite de petits plaisirs successifs. Le bonheur est la sensation, ou le savoir, que nous vivons une vie à notre image, une vie qui a du sens pour nous, une vie qui nous correspond, qui nous passionne, dans laquelle nous sommes investis et qui va dans le sens de ce que nous voulons créer. C'est une vie qu'on bâtit, choix après choix, action après action, d'abord à petits pas puis de plus en plus grands à mesure que notre confiance en nos choix grandit. C'est vivre en accord avec nous-même.

Bien sûr, faire ce genre de choix vous procurera beaucoup de bonheur, mais aussi des états désagréables. Et c'est l'une des composantes que les gens déprimés ont du mal à accepter : pour vivre une vie heureuse, il faut accepter de ressentir de l'anxiété, de la frustration, de la tristesse et de la déception, apprendre à connaître nos limitations, notre confusion et notre incertitude, sans les laisser dicter notre comportement. Il n'y a pas de raccourci pour ne pas sentir d'émotions désagréables quand nous quittons notre nid de sécurité pour nous rapprocher de ce que nous désirons.

C'est en commençant à prendre des décisions, aussi minimes soient-elles, dans le sens de la vie que nous voudrions créer, que nous arrivons à peu à peu changer nos émotions dominantes et nos pensées sur la vie. C'est en agissant en accord avec nos valeurs, même si cela veut dire nous confronter à des émotions désagréables, que notre état change et nos émotions suivent. La motivation suit l'action, mais le premier pas doit être fait à l'aveugle, sans avoir de garantie sur le résultat. C'est en agissant au-delà de ce qui nous est immédiatement accessible que notre confiance augmente, et non l'inverse[13].

> La poursuite du bonheur est bien sûr hédoniste : nous voulons être heureux parce que c'est agréable de se sentir heureux. Nous cherchons le plaisir qui découle d'une vie bien vécue. Par contre, si nous visons le plaisir directement, nous ne pouvons pas être heureux. Se sentir bien est donc un produit dérivé du bonheur, un plus, mais ne peut pas être notre poursuite primaire.

→ *Quand j'aurai 100 ans…*

Prenez le temps de faire ce petit exercice. Imaginez-vous sur votre lit de mort. Repensez à tous les instants de votre vie, ce que vous avez fait, les chances que vous avez manquées, vos choix, les liens que vous avez créés, vos déceptions, etc. Quelles sont les expériences, les impératifs que vous voulez avoir vécu pour fermer les yeux avec un sourire apaisé, sachant que vous avez fait du mieux que vous le pouviez ?

Faites une liste de toutes ces choses qui vous importent.

La beauté de cet exercice est que peu importe votre âge, vous pouvez commencer où vous êtes. Une année bien vécue en vaut dix que l'on a laissé s'écouler passivement. Même en étant à un âge avancé, il n'est jamais trop tard pour nous mettre à faire ce que nous considérons être nécessaire pour avoir une belle vie, une vie qui nous correspond.

La guérison est un processus qui demande du temps et de l'engagement. Ce n'est pas en lisant un livre que tout va tomber en place, mais la bonne nouvelle est que si nous utilisons le modèle de la thérapie d'acceptation et d'engagement que nous allons voir dans le prochain chapitre, nous retrouverons bientôt le sourire ☺.

2. Présentation de la thérapie ACT

- **La philosophie ACT**

La thérapie ACT a été développée par Steven C. Hayes dans les années 1980, bientôt rejoint par nombre de ses collègues, tels que Russ Harris, Kelly G. Wilson, Kirk D. Strosahl, Robyn D. Walser, Jason B. Luoma, et beaucoup d'autres.

Steven C. Hayes avait lui-même un trouble anxieux généralisé et faisait de nombreuses attaques de panique pendant plus de trois ans[14]. Il a réussi à dépasser ce trouble en acceptant de ressentir ce qu'il y avait en lui et c'est de cette manière qu'il a découvert les principes de la flexibilité psychologique et qu'il a développé la thérapie d'Acceptation et d'Engagement.

L'une des philosophies sous-jacentes à cette thérapie est de favoriser sa recherche et son développement. De nombreuses ressources sont donc disponibles en ligne gratuitement sur le site de l'association ACBS[15] (*Association for Contextual Behavioral Science*, listée à la fin du livre).

Cette thérapie est efficace pour de nombreuses conditions, telles que l'anxiété, la dépression, les troubles de la personnalité, les troubles du comportement alimentaire, les addictions, le stress lié au travail, les troubles obsessionnels compulsifs, les douleurs chroniques, le diabète, etc... Cet éventail de possibilités est possible car la thérapie se bâtit sur le contexte personnel dans lequel on se trouve.

S'il y a des formations pour devenir thérapeute ACT, il n'y a pas de diplôme ou de certificat officiel délivré, car le but n'est ni de hiérarchiser, ni d'enfermer les thérapeutes. Les valeurs de l'ABCS, qui comptait presque 8000 membres en 2018[16], sont de créer une communauté ouverte, de promouvoir une vision juste et critique sur les avancées qui peuvent être faites, et un environnement de support et d'entraide afin de maximiser les avancées de la psychologie et de les rendre les plus adéquates possibles pour répondre à la souffrance humaine[17].

Pour tous ceux qui ont déjà cherché des réponses et solutions à notre mal-être, nous avons sûrement pu distinguer deux grandes tendances : la première est d'en arriver à un point où nous nous détachons des conséquences et où nous décidons de nous laisser tomber, car plus rien n'a d'importance, et la deuxième est au contraire d'adopter une attitude belliqueuse et de se battre contre nos conditions et ce que nous ressentons. En allant dans ces deux extrêmes, nous pouvons reconnaître qu'ils ne mènent nulle part.

Après avoir expérimenté ces deux attitudes, et s'être rendu compte qu'elles nous ramènent toujours au même point, nous pouvons avoir tendance à perdre espoir. Pourtant, la thérapie ACT réconcilie cette dichotomie en nous permettant à la fois d'accepter nos ressentis et où nous en sommes à cet instant T, tout en agissant dans la direction d'une vie qui a du sens pour nous et qui nous plaît, nous permettant pas à pas de sortir du désespoir dans lequel nous sommes enlisés.

La thérapie ACT, ou thérapie d'acceptation et d'engagement, est, comme son nom l'indique, une thérapie fondée d'une part sur l'acceptation de l'état actuel des choses dans l'ici et maintenant, et d'autre part sur l'engagement concret dans la vie de tous les jours. Ces deux piliers marchent en symbiose.

Nous avons tous une quantité définie d'énergie à dépenser chaque jour[18]. Refouler nos émotions, pensées et modes de fonctionnements nous prend de l'énergie. Si nous avons par exemple des émotions auxquelles nous ne voulons pas nous confronter, ou si nous évitons certaines de nos pensées (comme dans le trouble obsessionnel compulsif), nous dépensons de l'énergie. Cela nous enlève de l'énergie pour faire autre chose. C'est pour cela que certains cas de dépressions sont en fait de la colère refoulée, ou d'autres émotions refoulées.

Cela prend de l'énergie de se battre contre ce qui est. Ce n'est pas une stratégie efficace ni optimale pour investir notre énergie. Au contraire, nous la perdons inutilement dans des blocages qui s'annulent entre eux.

En apprenant à accepter nos états et nos situations comme ils sont, sans chercher à nous battre contre eux, les nier ou les changer, nous libérons une quantité conséquente d'énergie que nous pouvons investir dans des actions ciblées, qui ont du sens pour nous et qui, mises bouts à bouts, participent à créer la vie que nous désirons.

Pour une raison ou pour une autre, nous pensons que nous devrions avoir une emprise sur la manière dont nous nous sentons. Nous voudrions dominer nos états intérieurs, ou du moins projeter l'image que nous le faisons, et nous culpabilisons quand nous n'arrivons pas à générer des émotions agréables et une attitude positive.

Pourtant, rien n'est plus faux. Le contrôle est une illusion. Nos états vont et viennent avec autant d'impermanence que les circonstances extérieures, et le travail à faire est de les accepter plutôt que de chercher à les enclaver. La première étape, avant toute chose, est donc de relâcher cette pression à 100%.

C'est plutôt un soulagement de se dire que nous pouvons emprunter la voie du bonheur ici et maintenant, peu importe où nous en sommes et ce qu'il se passe dans notre tête, non ?

Le deuxième pôle de la thérapie ACT est l'engagement. Ce n'est pas seulement une promesse que nous nous faisons à nous-même, mais aussi un engagement quotidien, dans nos actions, pour créer une vie qui a du sens pour nous.

En thérapie ACT, est considéré comme de l'engagement toute action que nous pourrions observer si quelqu'un nous filmait. Il ne s'agit donc pas seulement d'exercer de la pensée magique, mais d'agir ! C'est une thérapie qui demande à ce que nous nous engagions et que nous fournissions un travail émotionnel, en allant vers ce qui nous intéresse, même si c'est difficile pour nous. Heureusement, la thérapie ACT fournit tous les outils dont nous pouvons avoir besoin pour le faire.

Le simple fait de lire ne nous donnera pas les résultats escomptés. Il est nécessaire de mettre toute cette information en pratique. Nous verront mieux comment dans la troisième partie du livre.

- ## Le but de la thérapie

Le but de la thérapie d'acceptation et d'engagement (ACT), est d'accroître notre flexibilité psychologique pour être en mesure de vivre une vie qui nous correspond.

Qu'est-ce que la flexibilité psychologique ?

C'est la capacité de contacter le moment présent et d'adopter des comportements au service de nos valeurs.

Cela veut dire sortir de nos schémas automatiques, le plus souvent d'évitement et de protection, pour accéder à un éventail plus large d'actions possibles et choisir celle qui est le plus en accord avec nos valeurs à long terme.

Par exemple, supposons qu'une de mes valeurs est de prendre soin de mon corps, mais que quand je suis stressée, j'ai tendance à boire beaucoup d'alcool pour évacuer la pression. Cela m'arrive souvent et commence à affecter mes niveaux d'énergie et de clarté intellectuelle, ce qui rend le travail plus difficile et augmente mon niveau de stress.

La flexibilité psychologique serait de reconnaître la tension de vouloir boire de l'alcool à l'instant où elle se présente, de l'accepter avec toutes les pensées, émotions et pulsions qu'elle englobe, de me reconnecter à ma valeur de santé, puis de choisir de faire autre chose (prendre un bain, voir un ami, courir, travailler, regarder un film, ou toute autre action qui me semble adaptée dans la situation).

Les trois étapes de la flexibilité psychologique :

1) **A**ccepter où nous en sommes. Trouver une posture en accord avec la vie et avec ce qui est.
2) **C**ontacter nos valeurs. Qu'est-ce qui nous importe ? Identifier une action associée.
3) **T**raverser. Une fois que le prochain pas est clair, agissons.

En nous offrant un champ d'actions plus large, la flexibilité psychologique nous permet d'accéder au bonheur en vivant une vie qui nous correspond. C'est l'antithèse d'une vie en pilote automatique, dans laquelle nous réagissons à ce qu'il se passe sans trop savoir ni comment ni pourquoi, et succombons à toutes nos urgences au confort.

Un autre point important dans la thérapie ACT est le principe d'efficacité. Nous ne cherchons pas à mettre tous ces points en pratique juste pour le faire ou nous prouver que nous pouvons y arriver. Si ce que nous faisons à l'heure actuelle marche pour nous, alors utilisons-le !

Nous cherchons à minimiser les stratégies d'évitement car elles sont majoritairement inefficaces, voire nuisibles à notre qualité de vie. Mais si nous avons mis en place des stratégies qui nous conviennent et ne portent pas atteinte à la création d'une vie qui a du sens pour nous, alors sentons-nous libres de les utiliser.

→ *Si je n'avais aucune peur…*

Listez dix choses que vous feriez si vous n'aviez pas d'anxiété, de peur, si vous n'étiez pas déprimés, ou si vous ne succombiez pas aux limitations que vous vous imposez à l'heure actuelle. Choisissez des situations et actions qui vous plaisent et qui vous apporteraient quelque chose si vous les réalisiez.

Quand nous sommes assaillis par un mal-être qui réduit peu à peu notre horizon, vivre quoi que ce soit d'incertain peut nous sembler hors d'atteinte,

surtout lorsque nous savons que sortir du confort veut dire faire l'expérienc
d'états parfois désagréables.

Heureusement, la thérapie ACT nous donne toutes les clés pou
poursuivre une vie riche de sens.

- **Les six piliers**

Les six piliers de la thérapie ACT sont :

1. Le moment présent
2. L'acceptation
3. La défusion
4. Connexion à nos valeurs
5. Action engagée
6. Le soi-comme-contexte

Contact avec le moment présent :

Il s'agit ici d'être en pleine conscience. D'observer le monde extérieu
(bruits, lumière, odeurs, saveurs, matières) et intérieur (pensées, images
souvenirs, sensations physiques, urgences à l'action, émotions) avec une
attitude de curiosité, d'attention et de bienveillance. Certaines de ce
sensations seront désagréables, cela fait partie du jeu, mais le plus possible
chercher à se connecter à ce qu'il se passe autour et à l'intérieur de nous, en c
moment.

C'est la première étape de la flexibilité psychologique, car san
conscience du moment présent et de nos pensées, émotions et urgences
l'action qui l'accompagnent, nous ne pouvons pas sortir de nos comportement
automatiques. Une partie de la thérapie ACT est la pleine conscience. En effe
il est difficile de prendre conscience de ses pensées et d'appliquer de
techniques de défusion si nous n'avons pas l'entraînement pour ralentir dans l
moment présent.

→ *Atelier moment présent*

Mettez un minuteur pour cinq minutes et prenez ces quelques instants tous les jours pour vous assoir et observer votre respiration. A chaque fois que vous avez des pensées qui viennent, reportez votre attention sur votre respiration, gentiment.

Cela va arriver plusieurs fois au cours des cinq minutes. La pleine conscience, ou la capacité à se connecter au moment présent, est comme un muscle qui s'entraîne dans le temps : plus on la pratique, et plus elle nous devient facile.

A chaque fois que vous replacez votre attention sur votre respiration, vous gagnez un peu de largeur d'action. Vous multipliez vos possibilités, et vous affaiblissez vos comportements automatiques, ce qui vous donne un éventail plus large d'actions la prochaine fois que vous serez au milieu d'une crise émotionnelle.

L'acceptation :

Nos pensées et émotions vont et viennent sans notre contrôle. Nous pouvons avoir tendance à penser que nous sommes notre cerveau, et que tout ce qu'il s'y passe nous définit. Pourtant nous sommes bien plus. Nos cerveaux sont comme des ordinateurs, qui cherchent à assurer notre survie et à nous tenir hors de danger. Leur mode est majoritairement automatique. Si nous avons l'habitude de tenir une certaine attitude ou position face à la vie, nous allons plus ou moins continuer à avoir les mêmes reflexes mentaux tant que quelque chose de fondamental ne change pas dans notre environnement ou en nous-même.

En acceptant, nous choisissons de digérer nos expériences pour construire autre chose. Nous ne pouvons pas vivre en accord avec nous-même si nous n'acceptons pas nos expériences.

L'acceptation est une attitude d'accueil. Arrêter de lutter mentalement contre ce qui est pour le regarder en face et l'accepter. Nous pouvons accepter deux choses : les événements externes, et les événements internes.

Les événements externes : il fait sens d'accepter les événements externes. Il est facile de comprendre pourquoi se battre contre les faits objectifs d'une situation ne mène à rien. Cela ne veut pas dire que c'est juste, que nous sommes contents de la situation actuelle ou que cette situation n'évoluera pas par la suite, mais la seule réponse adaptée à toute situation est l'acceptation.

Les événements internes : De la même manière, les événements internes (pensées, émotions, sensations physiques, urgences à l'action, souvenirs...) sont largement hors de notre contrôle. Selon les études, nous pensons entre douze mille et soixante mille pensées par jour[19], la plupart échappant à notre observation. Il est alors illusoire de penser que nous pouvons maîtriser tout ce qu'il nous passe par la tête.

Aucune stratégie d'évitement ne peut être efficace à long terme. Nous en utilisons tous à plus ou moins grandes doses, et c'est OK, je ne sais pas si nous pouvons être en permanence connectés à tout ce qu'il se passe et à tout ce que nous ressentons, mais le problème vient quand elles deviennent chroniques car elles nous éloignent de notre expérience et par la même, nous empêchent d'apprendre la leçon que cette situation nous apporte.

L'acceptation n'est pas de la résignation. Il est bien sûr possible de changer les situations sur lesquelles nous avons une possibilité d'action, mais cette étape vient de toute façon après avoir accepté l'état des choses dans lequel elles sont.

→ *Atelier acceptation*

Ce petit exercice peut se faire n'importe où, en quelques instants. Observez ce qu'il y a autour de vous, les sensations de votre corps, ce que vous voyez, les personnes qui sont autour de vous, les objets, les odeurs et les sons.

Mentalement, rejetez en bloc toute votre expérience. Ressentez comme si vous disiez « non » à tout ce que vous percevez maintenant. « Non » à la sensation de votre corps sur la chaise, « non » à la couleur jaune de votre k-way posé devant vous, « non » à la lecture de ces mots, « non » aux voix des deux femmes qui discutent devant votre fenêtre. Observez ce que ce refus vous fait ressentir, puis prenez quelques instants pour observer votre respiration, de manière neutre.

Maintenant, acceptez toute votre expérience. Faites l'inverse et ressentez avec tout votre être comme si vous disiez « oui » à l'ensemble de votre expérience. Entretenez l'impression que tout ce qui vient est le bienvenu, que vous acceptez toute votre expérience, vos pensées les plus dérangeantes et les sensations les plus agréables. « Oui » à la musique qui passe à la radio, « oui » à la sensation étrange d'inconfort qui s'installe en vous, « oui » à la forme de vos ongles et « oui » à cette pensée incongrue.

La scène est restée la même et pourtant vous venez d'en faire deux expériences totalement différentes. Laquelle préférez-vous ?

La défusion :

Accepter nos pensées ne veut pas dire les croire ou les prendre au sérieux. C'est là qu'intervient la défusion.

La défusion est un état d'esprit dans lequel nous créons une distance entre nous et nos pensées. Cet espace nous permet de voir nos pensées comme des événements internes, majoritairement hors de notre contrôle, plutôt que de nous intéresser à leur sens littéral. Nous reconnaissons qu'elles ne nous définissent pas, que nous n'avons pas à nous identifier à elles, et qu'elles n'ont pas à être prises pour argent comptant ni influencer notre comportement.

Les pensées sont une collection de sons et d'images. Nous pouvons avoir tendance à nous concentrer sur leur signification et nous créer une identité autour d'elles, mais elles ne sont rien d'autre que des constructions mentales, largement automatiques. Elles ont autant d'importance, de portée et de vérité que nous leur en accordons.

Il est important de comprendre qu'aucune de nos pensées, que ce soit en son ou en image, ne peut nous faire de mal, même si nous avons souvent tendance à penser que c'est le cas. Les pensées et les schémas que nous entretenons parfois depuis plusieurs années ne sont que des habitudes. Quand nous passons à un chapitre différent de notre vie, les sons et les images prédominants changent.

Ce changement dans nos modes de pensée lorsque nous évoluons au cours de notre vie sont la preuve que nous sommes plus grands que la somme totale de nos pensées : nous sommes celui/celle qui observe ces pensées, l'espace dans lequel elles apparaissent.

Ces pensées peuvent être utiles, neutres, ou inutiles.

Les pensées utiles sont par exemple celles qui nous permettent de planifier notre weekend, de nous féliciter, ou de nous remémorer de bons moments de notre vie. Les pensées neutres peuvent être des pensées d'observation. Les pensées inutiles, quant à elles, sont celles qui sont focalisées sur notre inadéquation, nos limitations, nos peurs, nos échecs passés… Elles n'apportent pas grand-chose et surviennent souvent en boucle, sur un mode répétitif (ruminations). Elles sont très présentes dans les états dépressifs. Il est alors intéressant de les défuser.

C'est un concept parfois difficile à intégrer, surtout si nous avons l'habitude d'accorder une grande importance à nos pensées, mais une fois la gymnastique intégrée, elle pourra nous servir toute notre vie.

> Notons bien que nous ne nous occupons pas de savoir si ces pensées sont vraies ou fausses. Déjà parce que toute vérité est subjective, et nous n'avons en général jamais tous les éléments nécessaires à l'évaluation d'une situation (pour déterminer si elle est correcte ou incorrecte).
>
> Au lieu de cela, nous nous focalisons sur leur utilité. Est-ce qu'à ce moment précis, penser « je suis nul » peut m'aider ?

→ *Atelier défusion*

Reprenez la liste des dix choses que vous feriez si vous n'aviez pas de peurs que vous avez listées dans l'exercice « Si je n'avais aucune peur… » au début de la partie II.

Prenez une autre feuille de papier, et pour chaque chose que vous avez notée, faites une liste des pensées qui vous viennent quand vous pensez à faire ces choses-là, maintenant.

Maintenant, décidez d'appliquer les deux techniques suivantes aux pensées que vous avez notées, en pratiquant au moins cinq minutes par jour pendant deux semaines :

1) *J'ai la pensée… Redéfinissez chacune de vos pensées en mettant : « j'ai la pensée que… » devant, puis « je remarque que j'ai la pensée que… »*

2) *Remerciez votre cerveau. Lisez et observez chacune de ces pensées, et dites mentalement : « merci, cerveau » maintenant et à chaque fois qu'elles arrivent.*

Observez la différence.

Connexion à nos valeurs :

Les techniques de défusion nous permettent de rompre l'identification à nos pensées en prenant de la distance, puis de nous rapprocher de ce qui a du sens pour nous, en agissant en accord avec nos valeurs.

Une valeur est un système de pensée qui nous tient à cœur, ce vers quoi on veut tendre. C'est ce dans quoi on investit notre temps, notre argent et notre énergie. L'une des phases clés de la thérapie ACT est de prendre le temps de déterminer nos valeurs, car chacun de nos choix, actions, devrait idéalement découler de ces valeurs.

Se connecter à nos valeurs, c'est se connecter dans l'instant à ce qui est important pour nous. Nos valeurs définissent le type de vie que nous souhaitons vivre et le type de personne que nous voulons incarner.

Nous avons un groupe de valeurs qui colorent notre vie. Si elles peuvent évoluer à mesure que nous vivons de nouvelles expériences, elles tendent à rester relativement stables.

La beauté de nos valeurs est qu'elles sont toujours disponibles. Même s'il peut nous arriver de les perdre de vue, nous pouvons toujours nous y reconnecter. Tant que notre chemin est celui de nos valeurs, nous sentons que nous sommes en bonne voie.

Les trois premiers piliers (contact avec le moment présent, l'acceptation et la défusion) font plutôt partie de l'aspect « acceptation » de la thérapie ACT. Avec la connexion à nos valeurs, nous rentrons dans la partie « engagement ». L'engagement est défini par nos actions, qui sont elles-mêmes en lien avec nos valeurs.

> **Il y a une différence entre but et valeur :**
>
> Un but a une fin, il peut être complété. C'est une étape à franchir.
>
> Une valeur n'est jamais atteinte, c'est un compas qui pointe dans la direction dans laquelle nous voulons aller.
>
> Nous pouvons poursuivre nos valeurs en nous fixant des buts, mais s'investir dans des buts déconnectés de nos valeurs ne nous satisfera jamais.

Lorsque nous sommes au clair avec nos valeurs et que nous les vivons, nous allons attirer à nous des personnes qui se reconnaissent dans nos valeurs, et éloigner celles qui n'en sont pas proches. C'est un cadeau, et nous allons former les meilleures relations de votre vie, car elles seront fondées sur une ision et appréciation de qui nous sommes réellement. Autant de raisons d'éclaircir nos valeurs et d'agir en fonction d'elles.

Quand nous sommes connectés à nos valeurs, nous trouvons une nouvelle confiance en nous qui vient de l'intérieur, du fait de savoir qui nous sommes, ce que vous voulons, et comment nous souhaitons vivre. Nous sommes en accord avec nous-même et avons moins besoin du regard des autres pour nous accomplir. C'est une victoire !

→ *Atelier valeurs*

Voici une liste non-exhaustive de valeurs pour vous aider à choisir celles qui vous tiennent à cœur. Si vous en avez d'autres qui vous viennent à l'esprit, ajoutez-les !

Lisez-la et choisissez-en 5 à 10 sur lesquelles vous souhaitez vous concentrer et agir : là vers où vous souhaitez que votre vie se dirige.

Valeurs :

Accomplissement, Affection, Agilité, Agressivité, Altruisme, Ambition, Assertivité, Audace, Autonomie, Aventure, Beauté, Bienveillance, Calme, Camaraderie, Célébrité, Chaleur, Charme, Compassion, Compétence, Concentration, Confiance en soi, Conformité, Confort, Contrôle, Convivialité, Coopération, Courage, Courtoisie, Créativité, Croissance, Curiosité, Découverte, Défi, Détermination, Devoir, Dignité, Discipline, Diversité, Dynamisme, Education, Efficacité, Elegance, Empathie, Energie, Engagement, Equité, Exactitude, Excellence, Exploration, Expressivité, Extravagance, Famille, Fermeté, Fiabilité, Fidélité, Flexibilité, Fraîcheur, Gagner, Gaieté, Générosité, Gratitude, Héroïsme, Honnêteté, Immobilisme, Intrépidité, Joie, Liberté, Maîtrise, Paix, Partage, Performance, Plaisir, Profondeur, Propreté, Proximité, Raffinement, Réciprocité, Relaxation, Repos, Résilience, Respect, Retenue, Richesse, Rigueur, Sagesse, Sang-froid, Sang-chaud, Santé, Sécurité, Sensibilité, Service, Sexualité, Simplicité,

Spiritualité, Spontanéité, Stabilité, Succès, Sympathie, Tradition, Tranquillité, Transcendance, Unité, Variété, Vivacité, Volonté

Action engagée :

Comme le dit le proverbe, « le plus petit geste est toujours mieux que la plus grande intention ». A la fin, ce n'est pas ce que nous pensons ou ressentons qui compte : c'est ce que nous décidons de faire.

> **Attention** : dire que nos pensées et émotions ne sont pas les facteurs déterminants pour vivre une vie pleine de sens ne veut pas dire qu'ils n'ont pas d'importance ou qu'il faut les ignorer, loin de là !
>
> Le contact avec le moment présent, la défusion et l'acceptation sont là pour nous permettre de nous reconnecter à nos états intérieurs.
>
> Il ne s'agit pas de dénigrer nos pensées et émotions, mais d'apprendre à les appréhender différemment, créer de l'espace, pour pouvoir nous concentrer sur ce que nous pouvons contrôler (nos actions) plutôt que ce sur quoi nous n'avons pas de contrôle (les événements internes).

Une fois nos valeurs clarifiées, la prochaine étape est d'agir en accord avec elles. Plus nous agissons en fonction de nos valeurs et plus nous sommes en accord avec nous-même.

Le cinquième pilier de la thérapie ACT est appelé « action engagée » car il nous invite à quitter le stade de la réflexion pour entrer dans l'action. Penser, réfléchir, ou prendre conscience de nos schémas n'est pas suffisant pour prendre la direction d'une vie qui nous correspond. Pour cela, il faut agir.

Il s'agit d'exercer nos valeurs. Cela veut dire qu'elles se retrouvent dans nos actions, dans notre vie courante. Nous ne pouvons pas dire que tenons une valeur pour importante si tout ce que nous faisons c'est d'y penser et de la valoriser dans nos têtes !

Pour chaque valeur, il y a une multitude de façons de l'incarner. Dans la thérapie ACT nous nous connectons à nous-même, et les actions qui découlent de nos valeurs sont donc propres à chacun.

Bien sûr, ce n'est pas une action dans le sens de nos valeurs qui fera disparaître tous nos problèmes par magie. Mais en faisant le premier pas, nous ouvrons un océan de possibilités qui nous redonne la pleine maîtrise de notre pouvoir.

Les effets des actions en accord avec nos valeurs s'accumulent de manière exponentielle : au début il s'agit d'un choix par ci, un choix par là. Mais ces choix vont petit à petit nous réaligner avec ce qui est important pour nous, et nous donner une nouvelle énergie pour faire d'autres choix, qui eux-mêmes vont nous donner de l'espoir, jusqu'à ce que toute notre vie soit transformée.

A partir du moment où nous commençons à agir en accord avec nos valeurs, peu importe comment nous nous sentons, nous comprenons que nous n'avons plus jamais à attendre de nous sentir comme ci ou comme ça pour créer une vie à notre image. Nous pouvons les poursuivre que nous en ayons envie ou non sur le moment. Et c'est d'ailleurs la seule solution pour se sortir d'une passe où nous n'avons justement, envie de rien ! C'est un compas, une boîte à idée, qui est toujours là pour nous quand nous sommes à un instant de décision, et qui pointe dans la direction de la vie que nous voulons mener.

> Quand on parle de poursuivre ses valeurs, on ne parle pas de manière militante, mais dans nos actions. Nos valeurs ne concernent que nous, elles ne sont ni supérieures ni inférieures à celles des autres, et ne nous attendons pas à ce que tout le monde s'aligne avec elles.

A force de prendre de nouvelles décisions et d'agir différemment, nos pensées dominantes et nos émotions évoluent elles aussi peu à peu.

En agissant dans le sens de nos valeurs, nous trouvons notre ancrage et nous démontrons du respect pour nous-même, ce qui nous permet de retrouver confiance en nos possibilités et en la vie.

Alors à chaque fois que nous sommes face à une impasse (ou à tout autre choix) :

1) Acceptons ce que nous ressentons
2) Connectons-nous à nos valeurs
3) Agissons en fonction d'elles

→ *Atelier Action Engagée*

Reprenez la liste des valeurs que vous avez identifiées.

Pour chacune d'entre elles, choisissez une action que vous souhaitez incarner. Cela peut être aussi petit que de tester un nouveau produit que vous n'avez jamais mangé pour le déjeuner si une de vos valeurs est la découverte ou l'aventure, ou aussi gros que de vous engager à vous exprimer calmement lorsque vous êtes en colère si une de vos valeurs est la tempérance ou le respect.

Lorsque la situation se prête pour agir sur une de vos valeurs, allez-y ! Votre cerveau produira peut-être des pensées pour tenter de vous en empêcher et vous pousser à retourner dans des comportements qui vous sont connus. Remerciez-le et défusez vous d'elles !

De la même manière, vous observerez peut-être des sensations physiques liées à des émotions inconfortables. Reconnaissez-les, acceptez-les, faites-leur de la place, et agissez dans le sens où vous souhaitez aller !

Le soi-comme-contexte :

Dans la thérapie d'acceptation et d'engagement, le soi-comme-contexte s'oppose au soi comme contenu.

Le soi comme contenu est celui auquel nous avons bien souvent habitude de nous identifier. C'est la somme de nos pensées, émotions, croyances, sensations, point de vue, histoire, etc.

Quand nous nous identifions au soi-comme-contenu, nous avons tendance à penser que toutes nos pensées sont vraies, que nous avons une identité propre et plus ou moins figée, que nous sommes faits d'une certaine manière plutôt que d'une autre.

C'est une identification au soi-comme-contenu qui est sous-entendue dans les expressions telles que : "J'ai le sang chaud", "je suis d'un naturel plutôt anxieux", "je suis nul(le) en maths".

Lorsque nous nous identifions au soi-comme-contenu, nous créons des limitations à notre identité : ce sont les croyances que nous avons à notre égard. Si nous pensons que nous sommes une personne timide, nous n'allons sûrement pas avoir des actions audacieuses, si nous pensons que nous n'avons pas de sens de l'orientation, nous n'allons pas essayer d'en développer un, etc.

Cela ne pose pas de souci majeur tant que ces croyances nous aident et qu'elles ne nous empêchent pas de construire une vie qui a du sens pour nous. Encore une fois, la thérapie ACT est fondée sur l'efficacité. Cependant, la plupart du temps, croire nos jugements, et plus particulièrement nos jugements sur nous-même, nous empêche de dépasser nos problèmes.

Comme l'a dit Albert Einstein, « il n'est pas possible de résoudre un problème au même niveau de conscience qui l'a créé ». Pour trouver de nouvelles solutions à nos problèmes, nous devons accepter que nous ne sommes pas seulement la personne qui les a créés.

Le soi-comme-contexte, d'un autre côté, est l'identification à l'espace dans lequel circulent les pensées, sensations, émotions, etc. Au lieu d'être l'objet observé, nous nous nous identifions au soi qui observe. Nous retrouvons là les principes du moment présent et de la pleine conscience.

S'identifier à notre champ de conscience (celui qui remarque) plutôt qu[e] son contenu, nous permet plus facilement de nous défuser de nos pensée[s,] d'accepter nos états intérieurs, et donc d'accroître notre flexibili[té] psychologique lorsque nous sommes face à des choix.

Le soi-comme-contexte, ou soi observateur, est une nouvelle form[e] d'identité, plus large et dynamique que celle que nous avons l'habitu[de] d'entretenir. Nous ne sommes plus la somme de nos états intérieurs ma[is] plutôt l'espace dans lequel ces pensées et émotions apparaissent. Nous no[us] identifions avec l'espace infini dans lequel vont et viennent nos pensées.

C'est une conséquence de tous les autres piliers : quand no[us] commençons à agir en fonction de nos valeurs, nous nous rendons compte q[ue] notre identité est infinie.

S'identifier au soi-comme-contexte permet une plus grande liber[té] d'action, qui n'est pas dictée par ce que nous pensons, ou ce que les autr[es] pensent de nous, mais par ce que nous voulons être ici, aujourd'hui, à l'insta[nt] T.

Encore une fois, il n'y a pas de bonne ou de mauvaise décision[.] L'important est d'intégrer que nous avons tous les choix du monde et que no[us] pouvons être qui nous voulons.

→ *Atelier soi-comme-contexte*

Levez-vous, et entretenez la pensée « je ne peux pas marcher » en boucl[e] dans votre esprit. Au même moment, faites les cent pas.

Lorsque vous marchez tout en vous répétant que vous ne pouvez pas marcher, remarquez que vous pouvez avoir une pensée sur vous-même tout en agissant de manière opposée.

Enfin, posez-vous la question : « Suis-je celui qui dit je ne peux pas marcher ou celui qui observe cette pensée en marchant ? »

3. Mise en situation

- **Ça ira mieux**

Nos vies aujourd'hui, en partie avec la montée de la technologie (qui les rend certes plus faciles) sont de plus en plus déconnectées, à la fois des autres et de nous-mêmes. Il peut être difficile de se sentir soutenu, épaulé, compris. C'est pourquoi j'aimerais commencer par dire que peu importe où nous en sommes dans votre vie, il y a de l'espoir. Quoi que nous choisissions de faire, ça ira mieux.

La thérapie ACT est une thérapie d'engagement. Si nous mettons en place les techniques expliquées dans ce livre, nous verrons que peu importe où nous en sommes, nous pouvons commencer ici et maintenant à créer une vie qui nous correspond, et qu'à chaque fois que nous faisons ce choix, nous retrouvons notre pouvoir et notre confiance en la vie augmente.

Ce livre est là pour donner les clés qui permettent d'y arriver. Prêtons-nous au jeu et expérimentons par nous-mêmes ! Si nous ne l'avons pas déjà fait, revenons sur la partie II et faisons les exercices proposés.

Dans la suite de cette partie, nous allons voir comment aller d'un point A (la dépression) à un point B (être heureux de sa vie) dans la pratique, en reprenant le cas d'Eric, rencontré au tout début de ce livre.

Pendant que nous cheminons avec lui, je nous invite à appliquer les différents aspects que nous allons développer à notre vie.

C'est en les appliquant concrètement que nous verrons si ces modes de fonctionnement ont de la valeur pour nous. Je nous demande donc d'adopter une attitude de curiosité, et de mettre en place les principes développés dans ce livre comme un test.

S'ils ne nous conviennent pas, nous pouvons toujours retourner à notre état antérieur, ou essayer autre chose. Mais faisons-nous la promesse de mettre en place ces principes pendant un temps donné (30 jours semble être une bonne période) et voir s'ils nous permettent d'enrichir notre vie.

- ## Laisser l'ancien monde tomber en ruine

Pour aller de l'avant et changer notre vie, il faut accepter de laisser nos anciens schémas, habitudes, modes de fonctionnement derrière nous. Nous avons tendance à croire que nous pouvons changer en modifiant notre état présent, mais un modèle plus juste est de se dire que nous créons quelque chose de nouveau, et que plus notre énergie est investie dans le nouveau, moins elle entretient l'ancien, et peu à peu, il ne restera plus que ce sur quoi nous nous focalisons pour la suite.

Cela reprend les principes de la thérapie d'acceptation et d'engagement :
1. Accepter où nous en sommes
2. Se connecter à nos valeurs
3. Agir en fonction de nos valeurs

Nous voyons ici que même si nous sommes au milieu d'un état de crise, nous pouvons nous connecter et agir en fonction de ce qui est important pour nous. Une fois accepté, nous n'avons pas à continuer à entretenir notre état avec des comportements qui pourraient le renforcer.

Cela va de même avec notre vie. Peu importe où nous en sommes, nous pouvons toujours choisir de prendre une nouvelle direction et de construire quelque chose d'inédit. Nous n'avons pas à utiliser nos conditions actuelles comme fondement au futur.

Je nous invite donc à nous préparer à laisser tomber en ruine l'ancien monde. Sans chercher à le détruire, acceptons qu'il risque de se désagréger au ur et à mesure que nous nous investissons dans des activités et comportements qui ont du sens pour nous et qui nous apportent du bonheur. Et c'est tant mieux.

Retrouvons le sourire !

- ## Le premier pas

Lorsque nous sommes aux prises d'une situation désagréable, le premier pas est d'apprendre à ralentir pour pouvoir observer ce qu'il se passe.

Ralentir lors des moments difficiles est une compétence qui s'apprend et qui devient plus facile avec la pratique, tout comme celle de l'observation de nos états difficiles.

La prochaine étape, lorsque nous arrivons à ralentir et à observer ce que nous vivons, est d'apprendre à accepter la situation dans laquelle nous sommes, puisque nous ne pouvons changer ce qui est, tout en modifiant notre relation à ce qu'il se passe.

Eric se trouve dans une situation d'angoisse inexplicable. Il était en train de faire les courses, quand il reçoit une nouvelle qui génère en lui des émotions inconfortables. Comme il ne pense pas être en mesure de pouvoir faire face à cet inconfort, il s'ajoute une anxiété et un accablement supplémentaire. N'étant pas en mesure de ressentir ces émotions à l'endroit où il se trouve, il commence à paniquer et à faire l'expérience d'une sensation d'oppression au milieu du magasin : c'est l'attaque de panique.

Il sort du magasin, cherche frénétiquement un endroit réconfortant, et une fois assit, constate qu'il revient toujours au même point : « cela n'ira jamais mieux », « je suis un incapable », « à quoi bon », « c'est sans issue ». Il finit par rentrer chez lui avec peine, désespéré par la situation et son manque de ressource pour y faire face.

L'exemple d'Eric souligne un piège dans lequel nous pouvons avoir tendance à tomber, le piège de l'identification à nos pensées et émotions : c'est la fusion.

Lorsque nous percevons un danger, notre corps active la réponse d'attaque ou de fuite (flight or fight), Cela passe aussi bien par une mobilisation physique des muscles que des pensées. Des pensées, souvent automatiques, vont fuser pour tenter de nous empêcher de faire ce qui nous semble être dangereux. Cela peut être un frein pour vivre une vie riche et pleine de sens.

Défuser, c'est observer ces phénomènes internes comme des événements, changeants, qui se passent en nous. Nous remarquons nos pensées et les sensations que génèrent nos émotions dans notre corps, sans pour autant nous identifier à elles. Nous adoptons une posture d'observation curieuse et accueillante de ces phénomènes.

Il existe plusieurs techniques de défusion. Lorsqu'il entend les pensées « cela n'ira jamais mieux », « je suis une incapable », « à quoi bon » et « c'est sans issue », Eric peut reconnaître qu'il s'agit là de pensées qui reviennent souvent dans son esprit, qu'elles sont donc un automatisme généré par la situation d'inconfort dans laquelle il se trouve. Il pourrait nommer ce groupe de pensées « le groupe noir c'est noir », ou « radio désespoir ». A chaque fois que ces pensées, où des pensées apparentées viennent dans son esprit, il pourrait reconnaître « ah, voilà le groupe noir c'est noir », ou « radio désespoir à l'antenne ! ».

Se défuser de nos pensées n'a pas pour but de les minimiser ou de chercher à s'en débarrasser. Comme nous l'avons vu, ces pensées sont déjà là et il serait inefficace de chercher à se battre contre ce qui est. Nous adoptons donc une posture d'acceptation radicale, tout en les reconnaissant pour ce qu'elles sont : des pensées, souvent automatiques, qui n'apportent pas de nouvelle information ni n'ajoutent rien au débat.

Une autre technique de défusion peut être de remercier son cerveau à chaque fois qu'il nous propose des pensées qui ne nous aident pas à agir pour une vie riche de sens, ou de leur dire « bonjour » quand elles viennent.

Les pensées peuvent aussi nous venir sous forme d'image. Les techniques
défusion varient de l'une à l'autre mais le but reste le même : prendre de la
tance par rapport à nos pensées, sans chercher à les changer. En sommes,
:iliter le travail d'acceptation.

Lorsque nous avons des images qui ne nous sont pas utiles, nous pouvons
imaginer projetées sur un écran de télévision, ou jouer avec la couleur de
nage. Cela peut nous permettre de les voir encore une fois pour ce qu'elles
nt : des images intrusives, qui n'ont pas de poids ni de puissance intrinsèque.

> Attention, si vous avez été victime de traumatismes auxquels vous
> pensez ne pas pouvoir faire face par vous-mêmes, je vous invite à
> travailler ces souvenirs avec l'aide d'un professionnel. Vous trouverez
> une liste sous la rubrique Ressources à la fin du livre.

Nos émotions peuvent être un peu plus délicates à accepter, car elles
ennent parfois avec des sensations que nous jugeons désagréables. Pourtant,
ec un peu d'entraînement, il est tout aussi possible de les accepter. Quand
us avons des émotions fortes, nous pouvons nous entraîner à les localiser
ns notre corps. Quand nous parlons d'émotions - particulièrement celles qui
us font peur, que nous cherchons à éviter à tout prix - nous pouvons avoir
ndance à penser qu'elles sont énormes, qu'elles nous dépassent. Mais les
notions se manifestent par des changements physiques dans notre corps :
est-à-dire qu'elles ne pourront **jamais nous dépasser ou prendre le dessus
r nous**. Réussir à identifier l'endroit où elle se trouve et à décrire la sensation
ouleur, forme, toucher, etc) nous permet de nous reconnecter à nos
notions et de nous rendre compte qu'elles ne sont pas les grands monstres
'elles nous semblent être au début. Certaines sont plus agréables que
autres, certes, mais aucunes ne sont négatives ou positives. Ce ne sont que
s émotions, et apprendre à se reconnecter à elles est la seule manière de
exister pacifiquement avec elles, tout en mettant notre énergie dans la
éation d'une vie qui a du sens pour nous.

Accepter nos émotions demande une certaine conscience de soi, e notamment de notre corps. Nous devons être capable de scanner notre corp et déterminer où se trouve l'inconfort provoqué par l'émotion. Afin de pratiquer cette compétence, nous pouvons nous assoir dans une position agréable, fermer les yeux, et nous concentrer sur la respiration qui va et qu vient dans notre corps. Puis, nous pouvons observer ce qu'il se passe l'intérieur de nous, en partant de nos pieds jusqu'à notre tête, et notan mentalement les endroits où nous ressentons des sensations autres que l relaxation. Puis, nous pouvons rester quelques instants avec ces sensations sans chercher à nous en débarrasser ni à les modifier de quelque façon que c soit.

Une émotion est souvent la somme de plusieurs modifications corporelles Nous pouvons commencer par identifier la plus grosse sensations, celle qu nous dérange le plus, et venir la contacter en nous focalisant sur celle-ci, et en observant les sensations qui l'accompagnent avec curiosité et bienveillance.

A chaque fois que notre attention se promène sur autre chose, nou pouvons la ramener sur cette sensation qui nous dérange. La pratique consiste à respirer et à faire de la place à cette sensation, accepter qu'elle soit là jusqu'à pouvoir fonctionner **avec la présence de cette sensation dans notre corps.**

Une fois que nous sentons que nous pouvons vivre avec une sensation, nous pouvons passer à la suivante, etc.

Lorsque nous faisons l'expérience de vivre nos émotions en temps réel nous nous rendons souvent compte que ce que nous imaginions être ur monstre horrible et débilitant n'est en fait qu'un nœud à l'estomac, ou un cœu qui bat vite et des mains moites.

Il existe aussi un phénomène d'exposition : lorsque nous faisons l'expérience d'une émotion en direct, nous remarquons qu'elle fini toujours par passer, et la prochaine fois qu'elle se présente, elle peu nous sembler moins forte et moins douloureuse. Les émotions se régulent naturellement, sans qu'il n'y ait besoin d'effort cognitif. Lorsqu'on les laisse faire, on remarque que le plus souvent, elles arrivent à un pic avant de redescendre.

Au fur et à mesure que nous acceptons de nous exposer à cette émotion, nous constatons qu'elle perd de son pouvoir sur nous.

En revanche, si nous prenons l'habitude de fuir cette émotion en mettant en place des comportements d'évitement, nous constatons qu'elle passe sur l'instant, mais seulement pour revenir plus tard et plus intensément.

De plus, comme nous ne bâtissons pas les ressources pour faire face à l'émotion, elle nous semblera toujours aussi, voire plus, débilitante qu'avant.

Nos sensations sont un peu comme nos émotions. Nous avons parfois des douleurs, ou des sensations physiques désagréables, que nous cherchons à fuir. Pourtant, cela marche-t-il ? Peut-on s'échapper d'une sensation qui est déjà en nous ? La seule attitude efficace à adopter est d'accepter nos sensations. Pour cela nous pouvons les localiser mentalement, et leur faire de l'espace, respirer dans cet endroit, les laisser être. Petit à petit, nous observons que certaines d'entre elles disparaissent par magie, et pour celles qui restent, elles ne nous empêchent plus de vivre la vie que nous voulons mener, au maximum de nos capacités.

Parfois, en acceptant nos sensations, elles bougent, ou disparaissent. Parfois, elles restent comme elles sont. Cela n'a pas d'importance. Notre seule pratique consiste à identifier les sensations dérangeantes, et leur faire de la place pour pouvoir cohabiter avec elles.

Nous pouvons penser à un colocataire qui nous dérange mais qui a sa signature sur le bail et que nous ne pouvons pas mettre à la porte. Nous pouvons chercher à entrer en conflit avec lui, mais cela ne résoudra pas le problème. Dégrader encore nos relations pourrait même faire empirer le problème.

Comme toute compétence, se défuser de nos pensées et accepter nos émotions devient plus facile à chaque fois que nous décidons de pratiquer. C'est en forgeant qu'on devient forgeron ! A chaque fois que des événements désagréables ou inconfortables nous viennent, nous pouvons pratiquer leur acceptation radicale en s'aidant des techniques de défusion et de pleine conscience.

Pour être plus efficace lors des moments critiques, nous pouvons décider de pratiquer cette technique cinq minutes par jour, en faisant « monter » des émotions désagréables en pensant à des situations qui nous posent problème et en nous entraînant sur celles-ci.

Petit à petit, nous nous rendons compte que nous sommes capables de tout vivre ! Cela permet de donner confiance et de débloquer une réserve considérable d'énergie pour avancer dans la direction qui nous intéresse, sans nos limites imaginaires.

- **Contacter ses valeurs**

Lorsqu'Eric est aux proies à ses démons, son champ d'attention se réduit à ses sensations d'inconfort, et aux pensées qui veulent éviter cet état à tout prix, auxquelles il obéit.

Aujourd'hui, Eric est dans son lit, et il n'a aucune envie de se lever. L'angoisse a pointé le bout de son nez avant même que ses yeux ne s'ouvrent, et il est à la fois terrassé par l'idée de ne pas pouvoir faire face à la journée qui vient, et anxieux à l'idée que toute sa vie lui passe sous le nez, sans qu'il n'en profite, cloué dans son lit. Il pense également à sa femme et à ses deux filles : que vont- elles penser ?

Ces deux dernières semaines, Eric a pratiqué un petit exercice d'observation de la respiration chaque jour, ce qui lui a permis de « muscler » sa pleine conscience. Aujourd'hui, il arrive à ralentir et à observer la situation difficile qui se présente à lui.

En observant les pensées qui fusent dans son esprit sans s'y attacher et les sensations physiques qui montent en lui sans s'y identifier, Eric élargit le champ de son attention.

Au lieu d'être seulement absorbé par le tumulte de sa souffrance, Eric peut contacter d'autres choses : ce que ses cinq sens perçoivent autour de lui (le soleil qui frappe doucement sur la vitre, le silence de la maison vide dans laquelle il se réveille), mais aussi le reste de son expérience intérieure. Il peut se demander, par exemple, quelle valeur bafouée sa souffrance lui révèle-t-elle.

Eric se rend compte qu'il est important pour lui d'être un mari aidant et un père présent, d'être là pour ses proches. Il se rend également compte qu'il veut vivre une vie pleine d'aventures.

Même si se rendre compte que nous avons une valeur que nous ne respectons pas peut être douloureux, c'est aussi un premier pas vers le bonheur : au lieu d'être seulement pris par les choses négatives et essayer de s'en extirper inefficacement, nous reconnaissons qu'il y a aussi des choses qui comptent pour nous, et cette flexibilité de l'attention peut mener à un champ élargi de comportements.

Eric choisit de passer la journée au lit comme d'habitude, mais il décide aussi de se lever avant que sa famille ne rentre et de cuisiner pour leur dîner une recette qu'il n'a jamais essayée.

• L'importance des bonnes habitudes

Ce n'est pas ce que nous faisons une fois de temps en temps qui nous définit, c'est ce que nous faisons habituellement. Les changements n'arrivent pas par de grands gestes exceptionnels, mais goutte par goutte.

Essayer de changer sa vie du jour au lendemain serait comme monter l'Everest sans préparation, s'arrêter aux premiers mètres, et ne plus jamais essayer de monter parce que c'est « impossible ».

Le soi-comme-contexte nous invite à élargir notre identité, pour y inclure l'espace dans lequel les événements, toujours changeants, se déroulent en nous.

Notre identité est ainsi plus liée à nos actions, à ce que nous faisons, qu'à des filtres prédéfinis, souvent par les autres. La bonne nouvelle est que nous pouvons exercer une influence sur nos actions, et donc avoir un sens de nous-même plus dynamique, moins fixé.

Après avoir cuisiné le repas à sa famille, Eric se rendort avec les mêmes démons qui lui sont devenus si familiers, mais auxquels se sont ajoutés une petite pointe de satisfaction. Il a été là pour sa famille, et si ce n'est qu'à petite échelle, cela lui ouvre d'autres possibilités.

Il a l'idée d'aller se balader quinze minutes le lendemain, activité qu'il évitait jusqu'alors au maximum, par peur des attaques de panique qui le surprennent régulièrement. Il accepte que cela sera certainement difficile, mais qu'il pourra bien tenir quinze minutes en sachant qu'il a ensuite la journée pour se conforter dans son lit.

Le jour venu, alors qu'il est sur le point de sortir, l'anxiété pointe le bout de son nez et des pensées dissuasives apparaissent. Eric commence par les croire, la tension monte, et il s'apprête à se déshabiller pour retourner dans son lit, convaincu de son incapacité à effectuer cette marche.

Ses capacités d'observation étant renforcées, il ralentit et remarque que ses pensées et son pouls s'accélèrent. Il observe ce qu'il se passe en lui, et porté par l'envie de réussir le challenge qu'il s'est fixé, choisit de franchir la porte d'entrée, avec sa peur.

Même si la ballade n'a pas été une partie de plaisir, prendre l'air frais et le soleil lui a fait du bien. De plus, lorsqu'il rentre chez lui, il ressent une petite pointe de fierté, et au lieu de retourner directement se coucher, il reste

elques moments à siroter un café, habillé, en regardant les voitures qui
ssent en bas de sa fenêtre.

A ce moment, Eric prend la décision de se balader quinze minutes tous
jours, qu'il en ait envie ou non.

Changer une situation qui ne nous plaît pas peut-être aussi simple que de
oisir une habitude, si petite soit-elle que de nous lever à une heure fixe tous
 jours, de faire notre lit, ou d'écrire dans un journal quotidiennement, et de
us y tenir, pas parce que nous en avons toujours envie, mais parce que cela
t l'occasion d'exercer notre capacité à choisir.

Dans la thérapie ACT, nous pouvons choisir d'accepter, de nous reconnecter
nos valeurs et d'agir autant de fois qu'il y a d'instants. Cela veut dire que si
us ne tenons pas nos engagements un jour, au lieu de croire des pensées
les que « c'est foutu », et « j'y arriverai jamais », nous pouvons les défuser,
cepter ce que nous ressentons (frustration, culpabilité, déception, mal à
rteil droit...), se reconnecter à nos valeurs (qu'est-ce qui est important pour
oi ?), et agir dans la direction qu'elles nous montrent.

L'engagement n'est pas la perfection du comportement, mais une
lonté d'accepter ce qu'il se passe et de porter notre attention sur nos
leurs.

> Il ne s'agit pas de chercher à être parfait. Si nous décidons de
> mieux manger mais que nous succombons à des envies de chocolat
> de temps en temps, c'est très bien, l'important est de savoir que
> nous avons le choix de nos comportements, qu'ils n'ont pas à être
> en autopilote, que nous pouvons décider de nous faire plaisir de la
> manière que nous choisissons.

Encore une fois, nous cherchons à augmenter notre flexibilité
ychologique, c'est-à-dire notre capacité à avoir une réponse adaptée au
ntexte et fluide. Si notre urgence à l'action s'intègre bien dans notre vie et

fait corps avec nos valeurs et nos envies, pas la peine de chercher à la navigu⸱ juste parce que c'est une urgence à l'action.

Toutefois, la plupart de nos comportements automatiques no⸱ desservent, et peuvent aller jusqu'à se transformer en addictions. Que ce s⸱ un penchant pour l'alcool, le travail, la nourriture, les jeux vidéo, et autres, ce⸱ pose un problème lorsque ces actions sont effectuées de manière⸱ automatique, pour nous empêcher de ressentir ou de voir ce qui se passe ⸱ nous. Les stratégies d'évitement nous éloignent souvent sur le long terme ⸱ ce qui est important pour nous.

Souvent, ces urgences vont et viennent (comme les émotions), ⸱ apprendre à naviguer au milieu de ces urgences est comme travailler u⸱ muscle : au début cela demande beaucoup d'effort, et puis peu à peu nou⸱ intégrons cette pratique à notre vie de tous les jours jusqu'à ce qu'el⸱ devienne presque naturelle. C'est une question d'habitude. Plus nous nou⸱ entraînons à agir comme nous le désirons au lieu de comme nos urgences⸱ l'action nous le dictent (le muscle de la discipline), et plus il sera facile de ⸱ faire la prochaine fois, et de tenir nos engagements sur du plus long et plu⸱ long terme.

En pratique, nous pouvons laisser la tension monter en nous, l'observe⸱ sans chercher à la changer ni à lui obéir. Alors que nous l'acceptons, nou⸱ pouvons élargir notre attention pour nous connecter à ce qui est importar⸱ pour nous, et faire de là un choix en pleine conscience.

De l'action naît la motivation, une fois que nous commençons à agir et ⸱ constater que nous sommes capables de tenir nos engagements, nou⸱ développons la confiance et la capacité à choisir consciemment une fois d⸱ plus... Et ces habitudes vont s'ajouter les unes aux autres pour tout change⸱ autour de nous.

- **Exercer nos valeurs sur des choses de plus en plus grandes**

« Un chemin de mille lieues commence par un seul pas » Lao-Tzu

Un an plus tard, Eric n'est plus au même endroit qu'avant. Tout n'est pas parfait, mais une prise de conscience s'est opérée en lui : il constate qu'un changement est possible et qu'il n'est pas condamné à sa situation comme il le pensait autrefois. Sa flexibilité psychologique s'est accrue.

Il a mis en place plusieurs habitudes dont les bénéfices s'ajoutent de manière exponentielle, et il a repris le travail.

Eric a encore des moments de doutes et il est parfois difficile pour lui d'agir dans le sens de ses valeurs, mais il apprend petit à petit comment vivre avec les expériences désagréables sans avoir automatiquement recours à des stratégies d'évitement.

Vivre en accord avec nos valeurs est une pratique exponentielle. Une fois que nous avons identifié une valeur qui nous tient à cœur, nous pouvons faire un petit pas dans sa direction.

A partir du moment où nous commençons à implémenter nos valeurs dans notre vie, même à petite échelle, nous commençons à voir le bout du tunnel, car nous avons un moteur pour aller vers où nous le souhaitons.

Quelles sont les parties de nos vies qui ne sont pas en accord avec nos valeurs ? Lorsque nous ressentons des émotions négatives, que nous nous sentons régulièrement mal à propos de quelque chose dans notre vie, c'est généralement qu'une valeur n'est pas respectée. Quelle est la valeur qui se cache derrière la souffrance ? Comment puis-je intégrer cette valeur à mes comportements ?

Bien sûr, il ne s'agit pas de changer du tout au tout du jour au lendemain, mais simplement de faire une petite action qui nous approche de nos valeurs. Par exemple, si nous voulons vivre des aventures, pourquoi ne pas commencer par abandonner cette série ou ces films que nous avons déjà vus et revus cent cinquante fois pour tester quelque chose de nouveau, qui n'est pas dans nos habitudes ? Un genre de film que nous n'avons pas l'habitude de regarder. Ou pourquoi pas, sortir dans un endroit où nous n'avons jamais été.

Valoriser l'aventure ne veut pas forcément dire partir à l'autre bout du monde sur un coup de tête. En faisant des petits choix simples dans la direction de nos valeurs, nous trouvons du courage et une nouvelle énergie pour aller plus loin et faire des choix de plus en plus conséquents.

Même si la thérapie d'acceptation et d'engagement a des fondements concrets, une grande partie consiste à se rendre compte que nous ne sommes pas seulement ce que nous pensons, ressentons ou faisons. Nous sommes beaucoup plus que ça. C'est cette réalisation, l'identification à l'océan de conscience que nous sommes, qui nous offre la première clé du changement : peu importe à quel point nos comportements automatiques sont ancrés en nous, ils ne sont que ça : des comportements. Ils ne nous définissent pas, et à chaque instant, nous avons le choix d'être quelqu'un d'autre, de nous réinventer, de nous rapprocher de ce qui est important pour nous et de laisser derrière les comportements qui nous desservent.

Cela veut parfois dire prendre la tangente par rapport à notre situation actuelle, s'engager dans une nouvelle direction au milieu d'un environnement qui ne s'y prête pas forcément. La situation d'inconfort peut durer quelques mois, mais en continuant dans la voie ouverte par nos valeurs, notre environnement s'aligne, à l'intérieur comme à l'extérieur.

Conclusion

Et voilà, c'est tout pour ce livre, j'espère qu'il vous aura été utile. Je vous invite à le relire plusieurs fois en fonction de vos besoins, mais surtout à incorporer les différents exercices et pistes qui s'y trouvent. C'est en pratiquant qu'on intègre le mieux les concepts et qu'on devient plus efficace lorsqu'on les applique à sa vie.

Si vous souhaitez aller plus loin, lire d'autres ouvrages en rapport avec la thérapie ACT et les idées développées dans ce livre, la page suivante recense plusieurs ressources riches en information.

Je vous souhaite beaucoup de bonheur et de réussite dans ce cheminement qu'est la vie !

Ressources

- Association Francophone pour une Science Comportementale Contextuelle (AFSCC) : http://act-afscc.org
- ACT en français : https://contextualscience.org/act_en_francais
- Liste Thérapeutes ACT : https://act-afscc.org/therapeutes/
- Annuaire des Centre Médico-Psycho-Pédagogique (CMPP) : https://annuaire.action-sociale.org/etablissements/jeunes-handicapes/centre-medico-psycho-pedagogique--c-m-p-p---189.html
- Suicide écoute : 01 45 39 40 00

Index

[1] Selon le titre du livre d'Alain Gérard « Dépression, la maladie du siècle »
[2] Statistiques dépression, Institut national de prévention et d'éducation pour la santé
[3] Communiqué de mars 2017 de l'OMS sur la dépression
[4] Symptômes de la dépression selon le DSM-5
[5] Dépression et maladie coronarienne, Cédric Lemogne
[6] Dr D. Michelson, Bethesda, New England Journal of Medicine, 335, 16, p. 1176
[7] Depression et addiction, Pierre Van Damme
[8] UN office on drugs and crime 2014
[9] Early Warning Project 2008 (plus récent ?)
[10] Polity 4 Project, 2013
[11] Pyramide de Maslow
[12] The happiness Trap, Russ Harris
[13] The confidence Gap, Russ Harris
[14] Ted Talk, Steven Hayes
[15] Association for Contextual Behavioral Science : www.contextualscience.org
[16] www.contextualscience.org/2018_annual_report
[17] www.contextualscience.org/act_certification
[18] Travaux de Freud sur l'énergie et la libido
[19] National Science Foundation, 2005 study on thoughts

www.ingramcontent.com/pod-product-compliance
Lightning Source LLC
Chambersburg PA
CBHW051404280526
45784CB00007B/3098

* 9 7 8 1 0 9 1 1 5 0 2 5 6 *